Samian

La plume d'aigle

D1599636

Mémoire d'encrier reconnaît l'aide financière
du Gouvernement du Canada
par l'entremise du Conseil des Arts du Canada,
du Fonds du livre du Canada
et du Gouvernement du Québec
par le Programme de crédit d'impôt pour l'édition
de livres, Gestion Sodec.

Mise en page : Claude Bergeron
Couverture : Étienne Bienvenu
Dépôt légal : 2ᵉ trimestre 2015
© Éditions Mémoire d'encrier, 2015

ISBN 978-2-89712-303-1
PS8637.A538E53 2015   C841'.6   C2015-940545-9
PS9637.A538E53 2015

Mémoire d'encrier • 1260, rue Bélanger, bur. 201
Montréal • Québec • H2S 1H9
Tél. : 514 989 1491 • Téléc. : 514 928 9217
info@memoiredencrier.com • www.memoiredencrier.com

SAMIAN

LA PLUME D'AIGLE

Préface

Samian est un homme de parole.

Quoi de plus merveilleux qu'un Indien ou un Nègre qui écrit son histoire. Oubliés les clichés et les préjugés autour des Sauvages, et commence la fable. C'est signe que les vents ont tourné et qu'est venu le temps de demander des comptes à l'histoire, avec la conviction que chaque peuple a droit à son épopée.

Samian évoque son enfance, ses origines, sa descente aux enfers, et aussi sa rédemption. Il slamme et apporte ce qui manque à nos vies : la légende d'être soi et de soumettre l'existence au pouvoir des rêves et de l'Esprit. Sa parole revendique la Terre-Mère. Sa parole est le miroir de l'âme et libère.

Des prisons à ciel ouvert, voilà où on est.

La chanson de Samian rappelle la condition d'existence des Indiens des Amériques : ségrégation, terre et dignité volées. *It's me against the world,* crie-t-il en écho à Tupac. Il se fait ainsi l'archiviste de ces peuples méprisés, évoquant cette tragédie de dépossession et d'extorsion.

Ici, tout est élégance et revendication, spiritualité et combat pour le dépassement.

Samian a reçu quatre plumes d'aigle des aînés. Fort de cet héritage, il place l'écriture au cœur de la vie amérindienne. Il rend grâce aux Ancêtres. Guerrier alimentant le feu, il écrit et chante pour que leurs voix ne soient pas trahies. Il scande des lendemains de lumière pour qu'un Indien soit autre que cette figure amère :

Un Indien au Canada, c'est un prisonnier politique
Comme des animaux, protégés des lois
Mis dans des enclos pour conserver nos droits

Samian nous dit que chaque être est l'artisan de son destin. Dansons avec ses mots. Lisons et chantons pour ouvrir un cycle nouveau de respect, d'amour et de beauté.

Rodney Saint-Éloi

ENFANT DE LA TERRE

Mon pays n'a pas de frontière,
    il n'a pas de couleur
Je suis un enfant de la terre
Sur la terre sacrée, on a marché pieds nus
Au fil des saisons, on a compté les lunes
On a su lire le ciel en guise de boussole
Acquis le respect, car l'homme n'est pas seul
On calculait le temps grâce au soleil
Transmettait notre histoire, de bouche à oreille
Mon pays n'a pas de drapeau
Car on est tous les mêmes
    derrière nos couleurs de peau
Connectés à la voix du Créateur
Guidés par les oiseaux migrateurs
Aborigène, à mes ancêtres j'ai obéi
Lié à la terre en parfaite harmonie
Porté par elle, je retournerai poussière
Je suis un enfant de la terre

Niang loueu ni ho
    (D'où venons-nous ?)
Kiang loueu ni m'beiga hoho
    (D'où venez-vous ?)

Kiang ere nie ho
    (Où allez-vous ?)
Niang ere nie ho
    (Où allons-nous ?)
Traa koni ong ho
    (Ce n'est pas notre terre)
Traa kogeng ong n'dang kong ba
    (Ce n'est ni la vôtre)
Na n'da be krandeni kang ho
    (Laissons-la à nos enfants)
Ka ere youeugu'a m'bei ho[1]
    (Pour qu'ils la cultivent encore)

Une mère nourricière porteuse de vie
Des forêts en guise de pharmacie
Depuis toujours on se nourrit de la terre, d'air
De la mer, des lacs et des rivières
Des millénaires sans besoin matériel
Juste un chemin éclairé par le ciel
Une poussière qui a fait naître l'âme
Un souffle de vie porté par la femme
Mon pays, je le porte à l'intérieur de moi
Et je n'oublie pas les peuples d'autrefois

---

1 Collaboration avec le groupe H'sao, originaire du Tchad.

On n'hérite pas de la terre de nos parents
On l'emprunte à nos enfants
De toute façon cette terre n'est pas à nous
On est à elle, on forme un tout
Ici, je suis qu'une âme passagère
Je suis un enfant de la terre

Niang loueu ni ho
   (D'où venons-nous ?)
Kiang loueu ni m'beiga hoho
   (D'où venez-vous ?)
Kiang ere nie ho
   (Où allez-vous ?)
Niang ere nie ho
   (Où allons-nous ?)
Traa koni ong ho
   (Ce n'est pas notre terre)
Traa kogeng ong n'dang kong ba
   (Ce n'est ni la vôtre)
Na n'da be krandeni kang ho
   (Laissons-la à nos enfants)
Ka ere youeugu'a m'bei ho
   (Pour qu'ils la cultivent encore)

Ici c'est chez moi, c'est chez toi
Tout ce qui compte c'est de savoir où l'on va
Un cycle de vie, toujours en mouvement
Des nomades transportés par le vent
Au climat on a su s'adapter
Dans les pires conditions la femme a dû enfanter
À la famine on a survécu
Malheureusement certains peuples ont disparu
Nos erreurs ont servi d'apprentissage
Autour d'un feu on écoutait les vieux sages
Une sagesse connectée à l'esprit
Leur voix était utile à la survie
À mon pays je reste enraciné
Dans ma tête résonne la voix des aînés
Un jour j'irai rejoindre mon père
Je suis un enfant de la terre

PLAN NORD

Le gouvernement a décidé de perdre le Nord
Pour des diamants, de l'argent et de l'or
Il prétend vivre dans un pays libre
Mais ils ignorent que la nature
    est notre parfait équilibre
Trop de consommation pour des biens matériels
On est en train de perdre le Nord
    et les enjeux sont réels
Vous profitez de la terre pour vos propres envies
Sans même réaliser qu'elle nous maintient en vie
Vous voulez profiter pour une seule génération
Mais ces terres nourrissent toute une population
Vous voulez déraciner tout le Nord québécois
Mais un jour vous comprendrez
    que l'argent ne se mange pas
T'inquiètes, j'ai compris, c'est une question
    de business
Vous gouvernez un territoire rempli de richesses
Ne venez surtout pas me faire croire
    que cette terre vous appartient
C'est plutôt grâce à elle qu'on respire
    chaque matin
Je représente mon peuple à travers l'art

Et je vous annonce de leur part
   que le peuple en a marre
Mais on connaît vos politiques,
   des êtres obsédés
Là où y reste un peu d'air frais,
   vous devez le posséder
Vous faites même basculer
   notre chaîne alimentaire
Assis bien au chaud sur la colline parlementaire
Vous pensez refaire le monde
   avec votre projet de loi
Mais un jour vous comprendrez
   que l'argent ne se mange pas…
J'ai vu sur ces terres les plus belles rivières
Mais à cause de vos mines,
   les poissons ont le cancer
Nos ressources naturelles s'épuisent rapidement
Tout ça pour aller vivre près des tours de ciment
Les rivières sèchent, les arbres tombent
Les avares se réjouissent, car le dollar monte
Les esclaves de l'argent n'auront rien
   dans leur tombe
On fait tous des erreurs,
   mais à leur place j'aurais honte

On sera tous concernés
quand la terre sonnera son heure
Je veux juste vous rappeler
que vous commettez une grave erreur
Je suis honnête avec vous,
votre politique me déçoit
Mais un jour vous comprendrez
que l'argent ne se mange pas...
Sur ces terres, il y a des gens remplis de sagesse
Enfermés dans vos réserves,
prisonniers de vos gestes
Qui protègent ce territoire
depuis la nuit des temps
Parce qu'on habite ces terres
depuis plus de dix mille ans
Avez-vous pensé aux gens
qui habitent ces forêts ?
Vous avez mal calculé l'impact de votre projet
Cette terre est fragile, sauvage et indemne
Aussi riche et fertile qu'une terre africaine
On ne peut la posséder, cette terre nous a élevés
On doit la protéger, elle est mère de l'humanité
Le Plan Nord repose sur une génération
Je m'y oppose au nom de toute la nation !

LE RAP POUR MOI

Na8atc apitentak8an enikamoan apitc 8in
    enitak8ak
Nitapatciton e8itamakean eka k8aiak etotcikatek
    nitakikak
Misa8atc enitak8ak nikamo8inan nimis8ikak
    tak8an epitci apitenitaman
Ekito8an minikon kitci mikotaman apitc
    enikamoan

Le rap, pour moi, c'est beaucoup plus qu'un beat
Je m'en sers pour dénoncer
    les injustices de mon pays
Même si le beat, je l'ai dans le sang
    et que je suis un vrai mélomane
C'est sur les mots que je m'acharne,
    quand je rappe ou je slamme
Dans le fond, je crie tout haut
    ce que le monde pense tout bas
It's me against the world, comme dirait Tupac
Le rap, pour moi, c'est plus fort que la politique
Car il n'y a pas de mensonge
    et c'est contre eux qu'on revendique
Le rap, pour moi, c'est le cœur de ma réserve

Car je sens l'hypocrisie de ceux
    qui nous gouvernent
Et quand je le fais en algonquin,
    c'est pour que mon peuple puisse comprendre
Et je le ferai jusqu'à ma mort
    pour que mon peuple se souvienne
Là, je parle de gens tombés dans l'oubli,
    les aïeux de ce pays
Séparés de leur monde…
Y paraît qu'au Canada, y fait bon vivre,
    mais si on regarde les réserves
On les compare au tiers-monde…
Le rap, pour moi, c'est plus fort
    que quatre cents ans
On n'a pas les mêmes souvenirs
    que racontent nos grands-parents
Pour les miens… c'est le début de la fin
Ravagés par l'homme blanc,
    on ne se cachera pas qu'ils avaient faim
Le rap, pour moi, c'est Barack Obama,
    c'est Sitting Bull
Et tous les peuples du Dakota
Aujourd'hui, leur territoire s'appelle Coca-Cola
Et on a l'image folklorique d'une pub de Lakota
Notre histoire est similaire à l'histoire des Noirs

Et j'ai aussi envie de croire
   que mon peuple criera victoire !
Le rap, pour moi, c'est plus fort que moi
C'est mon cœur que t'entends
   et non le son de ma voix
Le rap, pour moi, ce n'est pas un trip d'ego trip
C'est la voix du peuple,
   je ne fais pas du rap d'égoïste
Je fais du rap collectif qui rassemble les miens
Je suis un grand pacifiste,
   j'ai un cœur d'Amérindien

Na8atc apitentak8an enikamoan apitc 8in
   enitak8ak
Nitapatciton e8itamakean eka k8aiak etotcikatek
   nitakikak
Misa8atc enitak8ak nikamo8inan nimis8ikak
   tak8an epitci apitenitaman
Ekito8an minikon kitci mikotaman apitc
   enikamoan

MES RÉSERVES

Nanikotin kitasosonan kin ekiocito8an 8aniikan
Misa8atc nipak8ian tak8an aiamie8in kitci
   nakatciiko8an

Je ne fais pas du rap de rue
   parce que je ne viens pas de là
Je viens d'une réserve indienne,
   juste à côté de chez toi
On peut dire que c'est un ghetto,
   on peut dire que c'est de la merde
Mets une image sur mes mots
   et viens voir par toi-même
Tu verras que les aînés
   ont quelque chose à raconter
Et tu verras que la jeunesse
   a oublié de les écouter
Tu liras sur nos visages
   tant de déception et tant de courage
Et tu verras que je ne suis pas
   le seul qui est prisonnier de la rage
Tu verras un peuple ravagé par l'alcool
Intoxiqué par la coke, la violence et les viols

Tu verras que le bonheur,
　　ce n'est pas à tout le monde que ça arrive
Et tu sentiras… un putain de mal de vivre
Tu verras que c'est déprimant,
　　tu verras que rien ne change
Tu verras que certains réussissent,
　　mais la plupart n'ont pas de chance
Tu verras que certaines réserves
　　boivent de l'eau contaminée
Et que les suicides chez les jeunes,
　　on les compte par milliers

Nanikotin kitasosonan kin ekiocito8an 8aniikan
Misa8atc nipak8ian tak8an aiamie8in kitci
　　nakatciiko8an

Je ne fais pas du rap de rue
　　parce que je ne viens pas de là
Je fais du rap de réserve
　　pour les gens de chez moi
Tu verras que par chez moi,
　　c'est semblable à chez toi
Il y a de beaux paysages et de vrais trous à rats
Tu verras que l'espoir est mince,
　　mais que l'espoir est là

Malgré la maladie et le haut taux de sida
Tu verras des avocats, des docteurs
Des gens qui ont le cœur à la bonne place,
    prêts à mourir pour les leurs
Tu verras des guerriers, des gens
    pleins de courage
Un peuple menacé par la loi sur les Sauvages
Mais il y a des jeunes ambitieux,
    pleins d'espoir dans les yeux
À qui on a oublié de dire
    que le monde est à eux !
Je rappe avec mon cœur,
    ma conscience et ma douleur
Pour le drapeau de mon pays,
    celui qui porte notre couleur
Mais tu verras que dans ce pays,
    on est minoritaires
Moi, je suis une voix parmi tant d'autres,
    je suis un révolutionnaire !

Nanikotin kitasososonan kin ekiocito8an 8aniikan
Misa8atc nipak8ian tak8an aiamie8in kitci
    nakatciiko8an

Peuple invincible

Je ne crois pas être capable de cesser de crier
    ce qui est injuste
Quand je regarde notre réalité et les mensonges
    dont on nous incruste
Je n'ai pas la force de comprendre
    toute cette discrimination
Mais j'ai la force et le courage
    de crier pour ma nation
Il est temps qu'on avance
    qu'on se rassemble pour la cause
Qu'on arrête de se détruire par l'alcool et la coke
Qu'on leur prouve qu'on est des hommes,
    qu'on est fiers de qui on est
S'ils nous traitent de Sauvages,
    on s'en fout, on est des guerriers
On n'a pas encore saisi toute leur mentalité
Car pour vous dire la vérité,
    ils ont essayé de nous déraciner
Ce que je trouve le plus lourd,
    c'est le visage des aînés
Ceux qui portent l'histoire
    et l'espoir des nouveau-nés
Je viens briser le silence, la honte et la gêne

D'un peuple invisible, comme le dirait
    Desjardins
Je parle encore de nos souffrances,
    c'est dans mon sang, dans mes gènes
Comme nous a dit Kerry James :
    « C'est le cri des Indigènes »
Je viens vous dire qu'on s'en sort,
    mais les blessures sont immenses
Car une partie de notre histoire est enfouie
    sous le silence
Je n'arrive toujours pas à croire qu'ici
    on nous ignore
Et quand ils ont fondé ce pays, ils ont préféré
    nous voir morts
Le gouvernement s'est excusé pour l'histoire
    des pensionnats
Ils ont signé des chèques pour nous prouver
    leurs échecs
Je peux vous dire que le mal est fait,
    c'est la souffrance qui nous achève
C'est une question identitaire,
    c'est nos souvenirs qu'ils achètent
Ils adhèrent à des lois pour essayer
    de nous faire taire

Mais nous, on se souvient qu'on vit ici
    depuis des millénaires
Dans ce pays, on est des minorités,
Car ils refusent de signer la Charte des droits
    et libertés
Ils nous ont même traités de créatures sans âme
Essaie d'imaginer un saule pleureur sans larmes
    Une forêt sans arbres, un monde sans art
Moi, j'te jure que mes textes viennent
    du fond de mon âme

MINO PICAOK

Anicinape, Atikamekw, Mi' kmaq
Mohawk, Innu, Cri, Huron-Wendat
Innuit, Abénakis, Malécite, Naskapi
Mino picaok ooma Kopek aki !

Je suis quelqu'un qui a une vision,
    je suis quelqu'un qui a de l'ambition
Mais je suis quelqu'un qui ne comprend rien
    face à la situation
Je parle des Premières Nations, toi,
    d'accommodements raisonnables
Pour moi, 1604 est la plus grosse
    perte territoriale
On est la plus grosse extermination de l'histoire
C'est ce qu'on a oublié de te dire
    dans ton livre d'histoire
Mon peuple a survécu à l'assimilation
Et après tout ce qu'on a vécu,
    y reste à définir l'espoir
On ne veut pas juste nos territoires,
c'est une question identitaire
L'identité, c'est primordial et c'est
    ce que le peuple perd

On est quand même un peuple fier,
    il y a beaucoup de choses qu'on espère
Mais le désir de mon cœur,
    c'est qu'un jour on soit frères

Anicinape, Atikamekw, Mi' kmaq
Mohawk, Innu, Cri, Huron-Wendat
Innuit, Abénakis, Malécite, Naskapi
Mino picaok ooma Kopek aki !

Ka inentamo8atc kitci minose8atc eotapina8atcin
    kotak kainakanesintcin
Einentamo8atc nikotin kitci ici8itciki8eti8atc anic
    nikotin kata icise8ak
Ka nenicikepina8acin nakanesintcin aiamie8ini
    koni sekisi8ini
Ikiwe a8iakok ka8in oteisi8ak anic nikotin oka
    kikentana8a

Anicinape, Atikamekw, Mi' kmaq
Mohawk, Innu, Cri, Huron-Wendat
Innuit, Abénakis, Malécite, Naskapi
Mino picaok ooma Kopek aki !

On était majoritaires devenus minoritaires
Et là, mon peuple est moins nombreux
   que leurs troupes militaires
Ceux qui croient qu'on a la corde au cou,
   mauvaise nouvelle !
On est encore debout, j'aiguise ma plume
   pour tes oreilles
J'me sens loin de mes racines
   quand je regarde la société
Il y a une loi sur les Sauvages
   et je me dois de riposter
Ces gens-là n'ont pas compris
   la richesse qu'ils ont
Un héritage millénaire et regarde
   ce qu'ils en font
Ceux qui séparent par la couleur,
   par la religion ou par la peur
Ces gens-là n'ont pas de cœur
   et un jour ils le sauront
Mais ceux qui rêvent d'un monde meilleur,
   qui acceptent les gens d'ailleurs
Rêvant d'être frères et sœurs,
   mais un jour, ils le seront

REGARDE AILLEURS

Regarde ailleurs, tant de cultures à découvrir
Je suis un grand voyageur, un nomade
    pour tout dire
Je rêve de voir le monde, de tout là-haut,
    de là, quelque part
Au-delà des religions et au-delà
    de ce qui nous sépare
La plupart d'entre eux s'assoient
    sur leurs problèmes
Et ils oublient qu'autour d'eux la terre
    tourne sur elle-même
Et qu'elle a tant à nous offrir, sa beauté,
    son histoire
Et offre à l'être humain le privilège
    d'en faire part
Regarde ailleurs, on a tous nos malheurs,
    on a tous nos valeurs
Et on vient tous d'ailleurs…
On a tous émigré sur des terres inconnues
Faut être fiers d'où on vient et non pas
    de ce qu'on est devenus
Car on est des êtres humains,
    la pire race sur terre

La seule qui a réussi à détruire l'air…
J'ai envie de profiter de ce qui nous reste
Je rêve de voir le monde planer plus haut
    que l'Everest

Sò démée ci sama xòl
Dinga guisse réew bou sori lol
Dinala, fataali ni, waac juur dinala dimali
Dinala fataali li
Deret ken du ko sanni, li ci biir Africa[2]

Inapin pakan kitci mane kikaki mikan icita8in
Nikitci papamatisi8ini8inan kitci 8itamakean
    mane kekon
Nimosa8enitan kitci 8amak8a a8iakok icpimik
    eosapian
Pasitci aiamie8inikak iiwe kanenicikepinikoak
Natam a8iakok omin8enitana8a etaci api8atc
    omatcise8ini8akak
8anike8ak tac etaci kicipasenik akini
Kitci mane kekon ki taci minikomin

---

2 Collaboration avec la chanteuse d'origine sénégalaise
Marième.

Ekitci min8acik acitc otatisokan
Eminakanio8atc a8iakok kitci ici tacike8atc

Sò démée ci sama xòl
Dinga guisse réew bou sori lol
Dinala, fataali ni, waac juur dinala dimali
Dinala fataali li
Deret ken du ko sanni, li ci biir Africa

Regarde ailleurs, cette époque matérialiste
L'état de l'humanité et ses visions d'apocalypse
Est-ce la peur qui nous envahit ?
Car si on se fie à l'histoire, on suit le cours
    des prophéties
Regarde autour de toi tous les désastres naturels
On ne peut pas blâmer la terre, car l'erreur
    est humaine
Je rêve de voir un monde, un monde
    qui s'entraide
Que les yeux de mon fils voient la vie
    comme ses ancêtres
Regarde ailleurs, on ignore tout de ce monde
J'aimerais tant le découvrir avant
    qu'il ne s'effondre

Je rêve de voir ailleurs, de mettre les pieds
    en Afrique
De visiter chaque pays et non la guerre
    qui les habite
Faut prendre le temps d'être réaliste,
    on n'aura pas de deuxième chance
Il faudra se mettre ensemble si on veut
    que ca change
Qu'on puisse vivre ensemble, unis par la foi
Je rêve de voir le monde en bon état
    comme autrefois

SUR LE DOS D'UNE TORTUE

Ki tcotcominan aki etaji kotakiakaniwitc
Atisokan eka sipiikateg, nikan pimatisiwin e
*   ataweg ketcinam*
Kitci ketcinam kata ani takwa pimatisiwin
Tapickotc awesisag kapimatisiwatc

J'admire le ciel, les forêts
Et jusqu'au fond de l'océan !
J'admire toute culture
    jusqu'au cinquième continent !
En tant que nomade, j'explore la nature
Sur le dos d'une tortue, celle qu'on torture !
La Mère-Terre est en train de vivre un désastre
Une histoire qu'on efface ! Un avenir qui s'éteint
C'est certain ! Pour certains les lendemains
    sont restreints !
Comme les animaux… qui survivent par instinct !
On est assimilé à l'illusion de la société,
Aux multinationales que notre culture
    a héritées !
Loin d'être mérité, je suis plutôt irrité
Qu'on se fout de la Mère-Terre jusqu'à en faire
    fondre les glaciers !

On délègue à nos enfants rien de plus que
   la fin du monde
On est des putains d'égoïstes ignorant
   que la terre succombe !
Que Dieu bénisse l'Amérique ?
Fuck that ! ! ! Que Dieu bénisse la terre
Et tous les peuples qui ont souffert ! ! !

Ki tcotcominan aki etaji kotakiakaniwitc
Atisokan eka sipiikateg, nikan pimatisiwin e
   ataweg ketcinam
Kitci ketcinam kata ani takwa pimatisiwin
Tapickotc awesisag kapimatisiwatc

TSHINANU

Faudra dire à nos enfants
　　que le monde leur appartient
Qu'on peut croire en l'impossible
　　et qu'on n'est pas les plus à plaindre
Pourtant, on vient d'ici
　　et on nous traite en étrangers
Par contre, on est la preuve
　　que les choses peuvent changer
Les paroles de cette chanson
　　veulent changer la face du monde
Veulent donner de la fierté,
　　veulent nous sortir de l'ombre
Je suis peut-être trop optimiste,
　　mais je suis vivant, donc j'y crois
La plume au bout des doigts,
　　j'écris une page de l'histoire
On est forts ensemble,
　　c'est pour ça qu'on se rassemble
On est des frères dans l'esprit,
　　c'est ce qui fait qu'on se ressemble
C'est ensemble qu'on vaincra,
　　c'est ensemble qu'on leur dira
Que sur les terres du Canada,
　　on est encore là !

On est forts et fiers, on rassemble les Nations
C'est la voix du peuple,
      le chant de la détermination
C'est le cri de la victoire, c'est le cri de la liberté
C'est le cœur des guerriers,
      c'est la voix des oubliés !

Faudra dire à nos enfants
      que le monde leur appartient
Qu'on peut croire en l'impossible
      et qu'on n'est pas les plus à plaindre
Pourtant, on vient d'ici
      et on nous traite en étrangers
Par contre, on est la preuve
      que les choses peuvent changer

On n'est pas les victimes
      mais une autre génération
Celle qui a le pouvoir de nous offrir un horizon
De rattraper le temps perdu,
      de rendre hommage aux aînés
De les rassurer en leur disant
      qu'on ne va pas abandonner
Ce sera long...
      et les épreuves seront tenaces

Faudra du cœur, du courage,
    de la force et de l'audace
En l'honneur de leur mémoire
    on marchera sur leurs traces
La tête haute comme des braves,
    parce qu'ici, c'est notre place
Sans oublier qu'on est l'espoir de demain
Qu'on a le pouvoir de réparer,
    de bâtir le monde de nos mains
Et quoi qu'il advienne,
    on reste ensemble, solides
Car peu se souviennent
    qu'on est ce qui reste du génocide !

Faudra dire à nos enfants
    que le monde leur appartient
Qu'on peut croire en l'impossible et
    qu'on n'est pas les plus à plaindre
Pourtant, on vient d'ici
    et on nous traite en étrangers
Par contre, on est la preuve
    que les choses peuvent changer

Faudra dire à nos enfants
    que le monde leur appartient

Qu'on peut croire en l'impossible
   et qu'on n'est pas les plus à plaindre
Pourtant, on vient d'ici
   et on nous traite en étrangers
Par contre, on est la preuve
   que les choses peuvent changer
Alors, on chante
   sur les pas du Makusham
Avec l'odeur de la sauge
   pour purifier nos âmes
Il est temps qu'on se lève,
   qu'on prenne position
Qu'on nourrisse nos rêves d'espoirs
   et d'ambitions !

LES MIENS

Pour le temps d'un morceau, on ramène
    du boom bap
Samian, Dj Horg, ben relax au Horg Shack
J'ai plus d'un tour dans mon sac,
    j'ai plus d'une corde à mon arc
Il y a des soirs on débarque, je rappe,
    on pète la baraque
Avec le band, avec nos fans
Dans le fin fond des réserves les plus « rez »,
    damn !
C'est pour l'amour du hip-hop,
    c'est pour les fans qui me supportent
C'est pour ceux qui comprennent
    le message que je porte
On est peu nombreux, mais si courageux
Le poing dans les airs, *One time for my Warriors*
J'lâche pas le combat, je fonce dans le tas
Comme un soldat, ici-bas, j'ai un mandat
Pas à pas sur mon chemin de croix, mis à part,
    ce n'est pas mon choix
Quand je rappe je déclenche des débats
Et je retourne aussi loin qu'à l'époque des Incas
Pas besoin de te répéter que le monde est ingrat

On m'a donné un rôle sur du rap and roll
Je porte le fardeau d'un *role model*
C'est pour les miens
Les miens
« *I make music for my people* »

Ma plume est aiguisée, je ne rappe pas
    pour me valoriser
Ni pour rivaliser, mais pour m'immortaliser
J'ai pris conscience de la portée de ma voix
Mon rap, parfois, frappe et laisse des coups d'éclat
Je déteste les rappeurs qui racontent du charabia
Je prône le changement, je rêve d'un coup d'État !
À contre-courant, j'avance à contresens
Je viens faire taire les ignorants qui se taisent
    en ma présence
Je suis au sommet de ma forme, je te parle
    comme un homme
7ième Ciel Records, il y a un rappeur autochtone
Ça vient du fond du cœur les discours
    que je révèle
Et c'est à cœur ouvert
    que les miens se relèvent
On est partis de rien, on revient de loin

Je me suis remis à l'écriture pour venir
    faire le point
« *All I need is one mic* » comme Nas
Je prends le mic comme d'hab, troisième album
    sur la table

On m'a donné un rôle sur du rap and roll
Je porte le fardeau d'un *role model*
C'est pour les miens
Les miens
« *I make music for my people* »

Je regarde autour de moi et ça m'arrive
    de m'enrager
Mais je viens dénoncer tel un rappeur engagé
Je suis fidèle à moi-même, je ne prétends
    pas triompher
Je rappe à cœur ouvert, avec ou sans trophée
Je sais que mon rap dérange, mais que veux-tu,
    ça me démange
Je le fais pour les miens, j'ai une cause à défendre
Je ne fais pas l'unanimité, j'ai trop d'humilité
Je suis prêt à militer, pour les miens et l'humanité
Je me tiens debout, je suis prêt à prendre
    des coups

Je me dévoue à mon art avec des mots
    qui peuvent te faire perdre le pouls
Je ne change pas, j'évolue, mes mots
    ont du contenu
Mes mots ont du vécu, je ne fais pas
    du rap de vendu
Regarde où je suis rendu, c'est sans prétention
On a fait le tour du monde, transportés
    par le son
Et je représente toujours les miens,
    malgré moi c'est mon rôle
« *I make Music for my people* »

On m'a donné un rôle sur du rap and roll
Je porte le fardeau d'un *role model*
C'est pour les miens
Les miens
« *I make music for my people* »

WARRIOR

Aca kekate nitatci kosapi
Apitc ka tcakisik kitci kipitcisek
Eka kekon emamitonentaman
Anic nokom aca nisitotan

Encore une fois, je reviens de loin,
    pas pour pleurer sur mon sort
Je suis un exemple de réussite
    et je viens prôner mes efforts
C'est du rap de réserve et je garde
    le même discours
Et je rapperai de plus en plus fort,
    tant et aussi longtemps que tu feras le sourd
Je reste fidèle à moi-même à travers
    mon hip-hop
À travers mon message qui traverse les époques
Et quand je rappe, en studio ou sur une scène,
Si j'ai tellement le trac, c'est que je livre
    une partie de moi-même
C'est du rap de warrior, c'est du rap de guerrier
Je représente une jeunesse
    et tout un peuple oublié

Je ne viens pas jouer la victime,
    j'ai l'esprit d'un militant
Dans mes propos, je suis insistant,
    je fais du rap de résistant
C'est de l'espoir pur et dur
    que je grave sur un disque
Pendant que les médias, eux,
    prônent le misérabilisme
Ils m'ont même demandé pourquoi
    je ne suis pas plus agressif
J'me roule un spliff de shit, je décompresse,
    je suis optimiste

Je suis un warrior, *nimikaso8ini8inan*

Aca kekate nitatci kosapi
Apitc ka tcakisik kitci kipitcisek
Eka kekon emamitonentaman
Anic nokom aca nisitotan

Je ne le fais pas pour l'image
    et j'assume mon rôle

Si seulement tu savais le poids
    que je porte sur mes épaules

Je viens défoncer les barrières,
   je viens prendre la parole
C'est un privilège qu'on m'a offert,
   il y a trop de voix qu'on isole
Et je le fais dans ma langue comme
   dans celle de Molière
Parce que l'algonquin, au Québec,
   est devenu une langue étrangère
Nul n'est prophète en son pays ? *Fuck that !*
Si un jour je le deviens, je serai l'homme à abattre
Je suis un warrior… un vrai combattant
Parce que le rap, pour moi, c'est beaucoup plus
   qu'un passe-temps
Eh oui ! Je ramène l'histoire en toute modernité
Car je représente une minorité dans une minorité
Dans une époque pleine de préjugés,
   bourrée de stéréotypes
Où le monde de la politique nous promet
   de la bullshit
Va leur demander où ils empilent les traités
Et regarde autour de toi
   toutes les réserves maltraitées

Je suis un warrior, *nimikaso8ini8inan*

Aca kekate nitatci kosapi
Apitc ka tcakisik kitci kipitcisek
Eka kekon emamitonentaman
Anic nokom aca nisitotan

N'oublie jamais qu'on n'a pas la même réalité
Et c'est tout à fait normal qu'on n'ait pas
    la même mentalité
Mais avant de juger, regarde l'état de l'humanité
On a tous peur de se dire la vérité
J'ai l'impression que la mienne dérange et,
    honnêtement, je m'en fous !
C'est quand ça pue la vérité qu'on vient
    briser les tabous
Il y a trop d'ignorance, un manque total
    de bon sens
Si tu veux un exemple, va voir le doc Mailloux

Aca kekate nitatci kosapi
Apitc ka tcakisik kitci kipitcisek
Eka kekon emamitonentaman
Anic nokom aca nisitotan

Rez

Quand tu sors tout droit d'un endroit isolé
Des enfants laissés seuls, désolé, c'est rez
Le port du bandana, les ghettos du Canada
Winnipeg, Manitoba, là-bas, c'est rez
Un bar de Kuujjuaq, un show à Pakua Shipi
Si t'es né dans un tipi, c'est rez
Une loi sur les Indiens, un génocide
    qui se répète
Le tiers-monde au Québec, c'est rez

Injustement, on est traités injustement
Ceci est un cri et non un apitoiement
Des prisons à ciel ouvert, voilà où on est
Mais le Canada refuse de voir plus loin
    que le bout de son nez
Pour les dirigeants on n'est que des numéros
Regarde ce qui se passe au nord de l'Ontario
Ça vit dans des cabanes, pas d'eau potable
Pour un citoyen, ça serait inacceptable
Pourtant, c'est notre réalité
2014 et certains n'ont pas d'électricité
Noyés dans l'alcool pour remplir le vide
Tristement, trop s'en sortent par le suicide

Je ne blâme pas le gouvernement,
    ça n'a rien à voir
Mais je vous demande d'ouvrir les yeux,
    vous avez le pouvoir
De changer les choses, de vous tenir debout
Pour tous ceux qui ferment les yeux,
    shame on you

Lac-Simon, Pikogan, Pessamit, c'est rez
Opitciwan, Manawan, Uashat, c'est rez
Oka, c'est rez, Rapid Lake, c'est rez
C'est quoi ? C'est rez, rez, rez
Winnipeg, Saskatoon, Whitehorse, c'est rez
Yellowknife, Kuujjuaq, Pakua Shipi, c'est rez
Natashkuan, c'est rez, Chisasibi, c'est rez
La crise d'Oka, ça c'était f**** rez

Certains sont négligés, c'est le cas à Schefferville
Kitcisakik, on dirait un bidonville
Depuis longtemps on ferme les yeux, on accepte
Un clin d'œil du fédéral signé au bas d'un chèque
Tu crois réellement qu'on vit comme autrefois ?
Quand tu vois des enfants jouer dans un dépotoir
Une réserve ça a plus l'air d'un champ de bataille

Ne pense pas qu'on a une peau d'ours autour
    de la taille
Ça n'a rien d'exotique ...
Un Indien au Canada, c'est un prisonnier politique
Comme des animaux, protégés des lois
Mis dans des enclos pour conserver nos droits
Il est temps qu'on arrête de nous prendre
    pour des imbéciles
Prends exemple sur ce qui se passe en Palestine
Ils pensaient nous oublier ...
On a dormi pendant cent ans,
    il est temps de se réveiller

Je rêve qu'on sorte de vos réserves
Pour vous prouver que vous avez tort
    et que le peuple se lève
Étrangers en notre propre pays
Si on est Peau-Rouge, c'est que Dieu
    nous a créés ainsi
On a à peine de quoi se loger
Tellement négligés et nourris par les préjugés
Les ados ont envie de crever
Comment veux-tu vivre
    dans un kilomètre carré ?
Vos doctrines ont créé des sévices

C'est beau pardonner, mais j'ai soif de justice
Juste pour rigoler, si on inversait les rôles
Pas mal sûr que vous la trouveriez moins drôle
On endure cette réalité depuis trop longtemps
Si j'écris ce morceau,
    c'est que je veux du changement
La vengeance est douce au cœur de l'Indien
Appelle-moi Samian de Champlain

HOLD THE MIC

C'est vrai qu'à quelque part
   je revendique pour les miens
Mais t'as pas compris,
   je me bats pour les droits de l'être humain
Pour les droits de la personne,
   les hommes et les femmes
Quand je rappe, crois-moi,
   je vise ton cœur et ton âme
C'est le seul moyen vraiment
   d'atteindre les gens
C'est pour ça que j'ai choisi
   de faire du rap intelligent
Quelque chose qui nous rassemble
   et non qui nous divise
Quelque chose qui nous ressemble,
   à quoi on s'identifie
Alors je rappe, pour l'amour des mots
Avec la rage d'un débutant
   qui rêve de faire un démo
Qui rêve de faire le tour du monde avec son art
Qui rêve d'être réel et non une superstar
J'aime la musique pour son histoire et son message

Mais je déteste la business où la plupart
    ont deux visages
Au départ, la musique c'est de l'art...
Mais t'as toujours un vieux requin
    qui la transforme en dollars
Et là tout le monde veut sa part,
    on te traite comme une star
Mais ça c'est une autre histoire,
    je vous en r'parlerai plus tard…
Le vent a tourné, maintenant
    j'ai le vent dans les voiles
Par la fenêtre de mon hublot
    je vois briller mon étoile
De Hong Kong à Vancouver,
    de Yellowknife à Bali
De Berlin à Paris et jusqu'au froid
    de la Scandinavie
Avec le rap je donne mon avis,
    mon opinion, ma position
C'est par le son que je pars au front
    pour une révolution
J'écris avec cœur et passion
Je rappe à cœur ouvert, à la sueur de mon front
Mes mots sont plus lourds que le salaire
    que je rapporte

C'est pour ça qu'à la radio c'est toujours
    les mêmes qui radotent
J'réinvente pas le flow, mais j'ai les mots
Je me réinvente moi-même sur chacun
    de mes morceaux
J'ai le rap dans le sang, j'ai la rage dans le son
Je suis à côté du showbiz la pédale dans le fond

Je suis en amour avec les mots, j'aime les manier
Je suis un étranger en mon pays
    avec les mains liées
J'ai le courage d'écrire et de crier,
    de vivre et de prier
Avis aux dirigeants, jamais je ne vais plier
Il y a une force qui m'anime,
    par l'effort au bout de ma mine
Si t'as un cœur comme le mien c'est que
    tu prends le rap comme de la médecine
Prends ces mots comme de la visite
    même si ce n'est pas gratuit
Ne crache pas sur le joueur,
    mais crache sur l'industrie
Moi je suis moi-même
    que t'aimes ou t'aimes pas

Et si je suis encore là
  c'est que les choses ne changent pas
Je suis armé de conscience et de mots
Et même les mains liées j'lâcherai pas le micro
Mais tu pensais quoi ?
Que j'allais me croiser les bras ?
Que j'allais m'écraser là ? On ne change pas
  le monde en se croisant les doigts
Ça changera par nos actions, *Inch'Allah*
Ça prendra des résistants comme Mandela
Ça prendra le temps qu'il faut,
  on n'est pas pressés
On campera devant chez toi
  comme des indignés
À ma façon je rassemble les troupes
  et je pars en guerre
À chaque soir où je suis sur scène
  et que t'as les bras en l'air
Il y a des soirs je prends le micro
  et il se passe de quoi
Quelque chose que j'ignore,
  mais qui s'empare de moi
C'est plus fort que moi,
  quand je raconte de quoi
Je t'invite réellement à l'intérieur de moi

À l'intérieur de nous et au cœur des miens
Et au cœur de ceux qui reviennent de loin
Je suis sorti du ghetto, mais je le défends
J'lâche pas le micro, ma vie en dépend

LES MOTS

Avec de simples mots,
    on a le pouvoir de tout détruire
Et avec les mêmes mots,
    on a le pouvoir de tout décrire
Les mots prônent la haine,
    mais ils chantent l'amour
Les mots n'ont peur de rien,
    car les mots ont de la bravoure
Les mots ont de la colère,
    mais ils ont une douceur
On se forge un caractère
    quand on chante nos douleurs
C'est grâce à l'écriture
    que je surmonte mes épreuves
Mot par mot, je suis en train de bâtir mon œuvre
Les mots ont du pouvoir, ils sont audacieux
Et on s'inspire d'eux, car ils sont courageux
Les mots ont de la tristesse,
    les mots ont une noblesse
Et ils se collent à ma vie,
    car les mots sont modestes
Les mots… me grugent de l'intérieur

Ils me font voyager en attendant
   un monde meilleur
C'est grâce aux mots que je raconte mon histoire
Les mots peuvent me guérir,
   les mots me donnent de l'espoir

Les mots chantent les drames,
   les mots viennent de l'âme
Les mots n'ont peur de rien,
   car les mots sont une arme

Y'a les mots qui instruisent, détruisent,
   des mots qui méprisent
Les mots qu'on utilise
   quand on veut se faire la bise
Y'a les mots qui prédisent, s'enlisent,
   les mots qu'on banalise
Les mots qui nous divisent
   et les mots qui nous brisent
Y'a les mots qui s'entendent,
   qui se répandent, les mots qui prétendent
Les mots qui nous offensent
   et les mots plus tendres
Y'a les mots qu'on prononce avec prudence
   et les mots qu'on lance

Les mots qui dénoncent
    et ceux qui nous défendent
Y'a les mots qui blessent, qui fessent,
    les mots qui protestent
Les mots d'ivresse remplis de promesses
    qui te laissent grotesque
Les mots plus doux, les mots plus sales,
Les mots plus fous, les mots plus jouals
Les mots qui se cachent dans un journal
Les mots qui parlent, les mots qui partent scandale
Les mots plus graves que ceux qu'on grave
    sur une pierre tombale
Les mots qui pleurent, les mots du mal
Les mots du cœur, le mot final,
    les maudits maux, les mots dits mal[3]

Les mots chantent les drames,
    les mots viennent de l'âme
Les mots n'ont peur de rien,
    car les mots sont une arme

---

3 Collaboration avec le rappeur Anodajay.

Les mots sont bohèmes,
  ils prônent le blasphème
Ils chantent nos problèmes,
  mais les mots récitent nos poèmes
Les mots ont une devise,
  les mots ont plusieurs thèmes
Et ils sauvent des vies,
  car ils donnent de l'oxygène
Les mots marquent le temps,
  racontent le présent
Les mots s'envolent
  et nous éclairent en tombant
Les mots sont optimistes,
  ils pansent nos cicatrices
Les mots nous font peur,
  car ils sont réalistes
Ils sont plutôt espiègles,
  les mots n'ont pas de règle
Ils racontent nos vérités,
  car les mots sont intègres
Les mots valent mille images,
  s'expriment dans plusieurs langues
Mes mots donnent la vie,
  car mes phrases sont vivantes

Ce qui m'inspire,
  c'est la vie que je respire
Les peines comme les sourires,
  la beauté de mes souvenirs
Et les mots m'ont appris
  qu'on se doit d'être sincère
Quand les mots sortent du cœur,
  il n'y a pas que nous qu'on libère

Les mots chantent les drames,
  les mots viennent de l'âme
Les mots n'ont peur de rien,
  car les mots sont une arme

LE CŒUR D'UN POÈTE

J'ai besoin de m'exprimer
   comme tu as besoin de respirer
Les mots m'ont aspiré et ça m'a inspiré
J'ai une plume pour écrire
   et une oreille qui écoute
Chaque sourire m'inspire
   même quand le monde s'écroule
L'écriture, ça soulage et ça sauve des vies
Il suffit de prendre sa plume
   et de la laisser s'envoler
Se libérer de ses démons,
   c'est un instinct de survie
On écrit depuis des lunes et on se doit d'évoluer
Écrire, c'est se mettre à nu,
   on se dévoile, on s'expose
C'est une question d'humilité,
   c'est nos tripes qui explosent
C'est pour ça qu'on écrit,
   c'est comme ça qu'on se délivre
Car l'émotion qu'on ressent
   ne se retrouve pas dans les livres
J'écoute d'autres rappeurs,
   d'autres slammeurs, d'autres chanteurs

Et j'ai appris que les mots
    peuvent être très enchanteurs
Mais quand je dénonce l'injustice,
    j'ai un sacré caractère
Le message vient du cœur,
    ça traverse mes artères

El hombre es mucho mas que carne y hueso
El dinero es menos que papel
Derramondo tinta, voy llenando mi papel
(A mi rol siendo fiel)

Como los que juegan en las sombras
Derramando sangre y explotando bombas
(Corazon tan infiel)
Yo voy derramando tinta, explotando mina
Con la suavidad del pincel[4]

A8iak oteikak otci tipatcimotc 8apatcikate
Tapasenimo8in, tep8e8in, apaokosi8in eka
    eick8asek

---

4 Collaboration avec la chanteuse d'origine péruvienne Esmeralda.

Ani matcikian kita ani minosinan, mitac nitikitoan
ea8iakoian
Niki kikentan kitci ocipiaman kapi inatisian

Del alam derraman sonidos y palabras
Y canta lo que no hablas respira lo que amas

El hombre es mucho mas que carne y hueso
El dinero es menos que papel
Derramondo tinta, voy llenando mi papel
(A mi rol siendo fiel)

Como los que juegan en las sombras
Derramando sangre y explotando bombas
(Corazon tan infiel)
Yo voy derramando tinta, explotando mina
Con la suavidad del pincel

Dans le cœur d'un poète, on retrouve l'humilité
La sincérité et une liberté illimitée
On devient meilleur avec le temps,
    là, je parle en tant qu'humain
On se forme une mentalité,
    un peu comme les Cubains
J'ai appris à écrire avec mon expérience de vie

Et au fil des années, c'est devenu de la poésie
On raconte nos vies et chaque moment précis
Même si ce n'est qu'un état d'âme
    ou un état d'esprit
Je dirais même qu'à la base, c'est une délivrance
Car les poètes se sentent seuls,
    souvent incompris
C'est par la force des mots
    qu'on bâtit cette résistance
On a trouvé notre façon
    de prouver notre existence
On prouve aussi que l'espoir peut renaître
On l'a trouvé le remède,
    mais il suffit d'être honnête
Car dans le cœur d'un poète
    on retrouve l'humilité
La sincérité et une liberté illimitée

La plume d'aigle

Je reste intègre avec la force de l'aigle
Je suis comme un animal sauvage
 que la faune protège
On le qualifie comme le plus grand prédateur
Et moi, je rêve d'être le plus grand orateur
La plume d'aigle est synonyme de paix
De liberté, de courage, de force et de respect
La plume n'est pas seulement
 un symbole autochtone
Elle m'a permis de me découvrir,
 d'aller au fond de ma personne
L'aigle a une vision, une histoire, une coutume
Et moi, je suis en mission
 avec la force de ses plumes
Qui sont remplies de loyauté,
 de bravoure et de sagesse
Elles sont offertes au guerrier,
 en guise de noblesse
Parfois, j'ai le cœur rempli de haine
 et de rancune
Et je trouve ma voie en faisant pleurer ma plume
Je la laisse voler… en toute liberté
Car la plume peut être lourde malgré sa légèreté

Détenir une plume d'aigle,
   c'est rien d'autre que de l'honneur
Et écrire un texte sur elle, c'est élever sa splendeur
Elle soulage les âmes les plus malheureuses
Elle permet de traverser les périodes orageuses
Avec elle… en tant que personne, je m'améliore
Et sans elle, pour être honnête, je me détériore
Quand j'écris avec ma plume,
   j'ai l'impression de voler
Que le monde m'appartient,
   que je peux tout dévoiler
J'ai fait face à moi-même,
   maintenant, je fais face à la musique
Ma seule arme, c'est une plume poétique
L'encrier se retrouve dans le cœur d'un poète
Et j'ai trempé ma plume
   au plus profond de mon être
Pour moi, c'est devenu le symbole de la vérité
Un réconfort pour les gens
   qui ont besoin d'être écoutés
Elle nous permet de toucher le ciel
   seulement pour un moment
Et grâce à cette plume,
   j'ai l'instinct de vivre l'instant
Je me sers d'elle parce que
   j'ai le bagage pour écrire

Sans elle... je suis seul et je souffre
Je suis de ceux qui croient
   que la plume peut guérir
Elle peut changer des vies,
   donner un second souffle
Elle illumine mon intérieur,
   mes forces et mes faiblesses
Elle me rend mélancolique
   au moment où j'écris ce texte
Elle procure une joie de vivre
   au moment où on touche le ciel
Sachez qu'un jour on volera avec les aigles !
Ils me laissent en héritage
   leur force et leur courage
Même si leurs plumes ont fait couler
   une larme sur mon visage
Elles m'ont libéré de mes fardeaux,
   libéré des maux
J'aimerais leur rendre hommage
   avec ces quelques mots
Donc, je laisse couler l'encre...
Sur une terre où mes ancêtres
   ont laissé couler leur sang
Je suis l'âme d'une feuille blanche...
Car mon arme est tombée
   d'un aigle à tête blanche

À CŒUR OUVERT

Le monde change, en fait, le monde évolue
On ne sera plus jamais les mêmes
Chacun porte sa croix, on fonce vers l'inconnu
Le temps d'une vie humaine
Juste le temps de goûter à l'amour, à la haine
Et à tout ce qui te rend faible
Quand on creuse à l'intérieur,
   on déterre la poussière
Le soleil se lève

Ce soir je m'ouvre à vous à cœur ouvert
Une visite de l'intérieur, le côté le plus sincère
Le côté le plus sombre de moi,
   où rien ne peut m'atteindre
Là où il fait froid et que la lumière est éteinte
Ce soir j'ai les émotions en pièces détachées
Le cœur endurci et des secrets bien cachés
Mais je ne peux rien vous cacher,
   je suis esclave de ma plume
Elle me rend vulnérable, mis à nu,
   mais je l'assume
Ce soir t'as pas idée comment je me sens seul
   et que j'ai du mal à suivre
T'as pas idée comment j'ai le mal de vivre

Tu n'as surtout pas idée
    du poids que je supporte
L'impression d'aider le monde
    alors que c'est moi qui suffoque
Absorbé par ce bout de papier, noyé par l'ennui
Paralysé à l'idée que ce soir
    je vous raconte ma vie
J'ai les mots pour souffrir
Et parfois malgré moi j'ai les mots pour guérir
Il y a des soirs je suis sans mots,
    il y a des soirs je suis sans voix
Il y a des soirs avec les mots
    je pourrais te tuer de sang-froid
C'est un don qui parfois peut jouer contre moi
Et si je ne t'aime pas, ça peut jouer contre toi
Il y a des soirs j'écris comme si on m'avait obligé
Il y a des soirs j'écris pour ne pas être oublié
Ce soir j'écris, ce soir je décris
L'homme derrière le guerrier
Je suis moi, rien d'autre que moi
Et ce soir je m'ouvre à vous avec ma simple voix
Il y a des soirs au fond de moi
    il y a un réel combat
J'ai peut-être le cœur qui saigne,
    mais j'ai le cœur qui bat

Ce soir je m'ouvre à vous, à cœur ouvert
À travers une musique
    et des mots qui ont souffert
Il y a des soirs j'écris, détruis, je crie à l'aide
Il y a des soirs mes écrits servent de remède

Ce soir je me sens faible, je me sens lâche
Soulagé tout simplement
    par le venin que je crache
C'est des mots que je lègue,
    c'est ma paix que je cherche
À travers mes proverbes,
    c'est ma peine que je cache
J'ai l'air dur à l'extérieur, peut-être, c'est vrai
Mais au fond à l'intérieur,
    plein de choses m'effraient
Je suis quand même un homme
    et il me reste un peu d'orgueil
Et j'ai la chance ce soir
    de voir la vie d'un autre œil
Tout était écrit, comme une évidence
Ma vie, ma mort, les secrets de mon existence
Je sais que c'est intense, mais il faut que ça sorte
On rejette ce qu'on ne veut pas,
    comme une femme qui avorte

En même temps ça soulage
Se regarder dans une glace, ça prend du courage
Ce soir je m'ouvre à vous, à cœur ouvert
Je saigne, à travers ces vers
Pardonnez-moi, mais je suis tombé de haut
Besoin d'écrire ces mots pour guérir mes maux
Dans ce monde réel, je me donne tant de mal
Toujours à la recherche de mon idéal
Submergé, noyé dans mes remords
Quand je marche dans la vallée de l'ombre
    de la mort
Coupez la corde qui me tire vers l'enfer
Libérez-moi, car j'ai besoin de lumière
J'ai traversé le désert à la recherche
    d'un peu d'eau
En y laissant une partie de mon fardeau
Ce qui compte c'est que je suis resté debout
À cœur ouvert, ce soir je m'ouvre à vous

J'ai besoin

Assis au coin de ma table, je crache ma peine
    sur un beat de rap
À ce qui paraît, un jour ou l'autre
    on doit vider son sac
Besoin de repos, affaibli par la fatigue
Besoin de prendre du recul question
    de faire le vide
Je voyage à travers le monde
    et mon sac est lourd
J'entre à la maison le cœur rempli d'amour
J'ai besoin de changement, besoin d'air,
    besoin de respirer
Besoin d'être un père, j'ai besoin de m'inspirer
J'ai besoin de me convaincre que ma mission
    en vaut la peine
Besoin de m'arrêter, vous dire que je vous aime
J'ai besoin de tracer ma ligne,
    trouver mon équilibre
J'ai besoin de vous comme j'ai besoin
    d'être un homme libre
J'ai besoin de savoir qu'il y a du bien
    chez l'être humain
J'ai besoin d'écrire, j'ai besoin de faire le bien

J'ai besoin de Dieu dans ma vie,
    j'ai besoin de croire
J'ai besoin d'une deuxième chance,
    d'un nouveau départ

J'ai besoin de la chaleur de chaque étincelle
Qui naît dans la noirceur de cet hiver
J'ai besoin d'une lueur, un recoin de ciel
Lui confier l'intention de ma prière[5]

Je passe mon temps sur la route avec la pluie
    et le beau temps
Dans les salles de spectacle, je traverse le monde
    en chantant
J'ai besoin d'être sur scène, micro à la main
Je vois nos différences, mais qu'on a plus
    en commun
De savoir qu'on peut compter les uns
    sur les autres
De savoir qu'on est unique et que chacun
    joue son rôle
J'apprécie votre écoute tous autant que vous êtes

---

5 Collaboration avec Esmeralda.

Mais j'ai besoin de comprendre pourquoi
    un jour tout s'arrête
J'ai besoin de m'épanouir, d'être en paix
    avec moi-même
J'ai besoin de savoir que quelque part
    quelqu'un m'aime
J'ai besoin de chaleur humaine,
    d'un peu de douceur
En fait, pour être honnête, j'ai besoin
    de mon âme sœur
J'ai besoin de mon public, j'ai besoin
    de l'entendre
J'ai besoin d'être seul, j'ai besoin
    de comprendre
J'ai besoin de ma musique
    qui m'a donné une voix
Et j'ai besoin de mon fils
    comme il a besoin de moi

J'ai besoin de capter la lumière des étoiles
Arriver à briller au-delà de mon âme
Voir ma force rayonner, allumer chaque flamme
Raviver celle en moi pour éclairer ta voix

J'ai besoin de la chaleur de chaque étincelle
Qui naît dans la noirceur de cet hiver
J'ai besoin d'une lueur, un recoin de ciel
Lui confier l'intention de ma prière

J'ai besoin de m'entraîner
    pour poursuivre ma lutte
Dire au monde entier que c'est sans rancune
J'ai besoin du soleil comme j'ai besoin de la lune
En fait, jour et nuit, j'ai besoin de ma plume
J'ai besoin d'air pur, de nature, de forêt
J'ai besoin de voyager,
    voir le monde de plus près
J'ai besoin d'une pause,
    prendre le temps d'observer
J'ai besoin qu'on me dise
    que j'ai le droit de rêver

J'ai besoin de capter la lumière des étoiles
Arriver à briller au-delà de mon âme
Voir ma force rayonner, allumer chaque flamme
Raviver celle en moi pour éclairer ta voix

BLANC DE MÉMOIRE

On m'a enfermé entre les murs de la honte
C'est le début de mon histoire, et Dieu sait
    que l'histoire est longue
Je vous la raconte avec une douleur dans l'estomac
J'ai une boule dans la gorge quand je repense
    au pensionnat
On m'a nourri de la même façon
    qu'on nourrit un chien
On m'a violé, traité comme si je ne valais rien
J'ai 6 ans, je me sens seul et ma famille me manque
Et vous, vous me frappez parce qu'on ne parle
    pas la même langue
Vous me dites que je suis moitié humain,
    moitié animal
Vous me dites que j'ai la peau sale et que je parle
    la langue du diable
Vous voulez faire de moi un petit homme blanc
Sachez que devant Dieu je serai moi, et vous,
    vous serez jugés par vos actions
J'ai vu des enfants mourir entre ces murs
    sous des regards indifférents
J'ai vu de l'impuissance dans le regard
    de nos parents

Avec eux on était libres dans la grandeur
    de nos forêts
Notre liberté s'est éteinte le jour où on est
    devenus muets

On a volé mon enfance, cicatrisé mon existence
Mais ce qui m'a le plus détruit,
    c'est l'esprit de vengeance
On m'a dit que les vrais hommes ne pleurent pas
    et qu'il faut rester fort
Aujourd'hui j'ai 16 ans et je n'ai jamais pleuré
    une seule larme de mon corps
J'ai honte de ce que j'ai vécu, pourtant
    ce n'est pas de ma faute
J'aimerais tant arrêter le temps, pour m'appuyer
    sur une épaule
Alors j'ai créé un monde à l'intérieur de moi
Une carapace si profonde
    qu'il y a un monstre en moi
J'ai tellement mal
    que je souhaite finir à la morgue
Alors je m'évade, dans l'alcool et la drogue
Pourquoi ? Pourquoi tant de souffrance,
    tant de crimes odieux ?
J'en veux au monde entier, j'en veux à votre dieu

Je souhaite sincèrement qu'il vous accorde
    son pardon
On n'a pas le droit d'imposer à un enfant
    sa religion
Mais on m'a aussi dit que tant qu'il y a de la vie
    il y a de l'espoir
Et que je pourrai guérir une génération
    par mon histoire

Aujourd'hui j'ai 30 ans et j'ai repris ma vie
    en main
Ce n'est pas toujours évident, mais j'y vais
    au jour le jour
J'ai frappé aux bonnes portes et on m'a tendu
    la main
On m'a présenté le même dieu, mais celui-ci
    était amour
Il m'a dit que j'étais humain et qu'il m'accordait
    une deuxième chance
Alors j'ai fait mon bout de chemin
    et j'ai repris confiance
Il m'a dit que mon peuple sera guéri
    et que nos ancêtres pourront partir
Il a mis une couleur à mon âme,
    sur mon visage, un sourire

Je vieillis naturellement,
  forcément ma vie s'achève
Je ne dis pas que je suis guéri,
  mais la cicatrice se referme
Je suis un survivant,
  j'ai traversé une longue tempête
J'arrive à 60 ans et j'ai l'impression de renaître
Même si un jour je dois partir
  pour le grand voyage
Je quitterai ce monde comme j'y suis venu,
  libre, comme un Sauvage
C'est probablement la dernière fois
  que je raconte cette histoire
J'aimerais bien passer à autre chose...
  Blanc de mémoire

Jean 3 :16

Je me rends compte de la chance que j'ai,
   je suis reconnaissant
Gloire à Dieu, je te rends grâce
   en ce mois de décembre
Le ventre plein, en bonne santé
J'ai l'impression que tu m'as créé
   pour que je puisse chanter
Laisse-moi te remercier par ces simples mots
Je te prie de m'accepter,
   car toi seul connais mes fautes
Merci pour ta confiance, je respire encore
Je fais des erreurs, mais je fais des efforts
Merci pour ton écoute,
   du temps que tu m'accordes
Je te prie de me pardonner par ta miséricorde
J'avoue que je suis tenté par Lucifer
Je ne suis qu'un homme qui écoute sa chair
Je suis un pécheur qui a peine à prêcher
Un jour je serai devant toi et j'aurai rien à cacher
D'ici là… Ici-ba… J'écris
En te remerciant d'avoir donné
   ton fils Jésus-Christ

Ton amour est divin, tu as tant à nous offrir
Pour sauver l'humanité, un homme a dû souffrir
On l'a nommé fils de Dieu, on l'a crucifié
Son sang a coulé pour nous purifier
Deux mille ans plus tard, déjà, on a oublié
Les valeurs de la vie que l'on a modifiées
Car je sais que tes écrits sont de pures vérités
Dans le grand livre de la vie on t'a glorifié
Continue de m'éclairer j'en ai vraiment besoin
Tu sais d'où je viens et que je reviens de loin
Ma vie n'est pas un long fleuve tranquille
J'avance comme un aveugle sans guide
Mais tu marches avec moi
    et tu es là à côté de moi
T'es le bon côté de moi...
J'écris ces vers à cœur ouvert en ce froid d'hiver
Prends ces mots comme une offrande
    en guise de prière

Pour chanter sa gloire, j'élève ma voix vers le ciel
En lui renaît l'espoir,
    ma confiance est en l'Éternel[6]

---

6 Collaboration avec Esmeralda.

Mes pensées ne sont pas pures,
    parfois la vie est dure
Il n'y a que toi qui puisses soigner mes blessures
Tu es le créateur de ce monde
    et je l'oublie parfois
Pardonne-moi, mais sache que
    je n'ai jamais perdu la foi
Je ne te renie pas devant les hommes,
    au contraire
C'est un honneur pour moi de porter ta lumière
J'espère sincèrement que j'aurai une place
    tout là-haut
Un endroit bien paisible où on se libère
    de nos fardeaux
La vie sur terre n'est pas toujours facile
Je l'avoue, Satan a bien choisi sa cible
Heureusement il y a la Bible
Car les mots nourrissent l'âme
    et ils remplissent le vide
Je suis tombé sur Jean, troisième chapitre
Verset seize où tu nous lègues ton fils unique
J'ai compris tout l'amour que t'as pour moi
Et j'ai compris pourquoi je porte ma croix

LETTRE À DIEU

Je ne suis pas un surhomme et je ne prétends pas
    pouvoir m'en sortir seul
Les yeux vers le ciel, les pieds sur le sol
Je prends mon mal en patience, j'ai décidé
    de te faire confiance
J'ai décidé de m'abandonner pour que
    ma vie prenne un sens
Je prends tes mots comme une médication
J'entends ta voix par la méditation
Avant ma Bible ne servait à rien dans
    ma bibliothèque
Quand je l'ai ouverte, j'ai découvert
    que t'es un vrai poète
Comme de la musique soul tes mots
    sont des baumes
Dès l'aube j'ouvre ma Bible
    pour lire quelques psaumes
Peut-être que je t'en demande trop,
    peut-être que je t'embête
Mais merci d'être toujours là
    quand je traverse une tempête
C'est dans les temps durs
    qu'on reconnaît nos vrais amis

Tu ne m'as jamais abandonné,
    j'aimerais te dire merci
Sur ma vie tu as versé quelques versets
Ce qui m'inspire à t'écrire quelques couplets

Je suis quelqu'un de bien,
    je vais à l'église chaque semaine
Tu me connais bien,
    peut-être même mieux que moi-même
Je ne suis pas toujours un ange
    et je t'avoue que parfois j'ai honte
Mais quand je m'y mets,
    je te jure je voudrais changer le monde
Continue de me guider
    et de me montrer le chemin
J'ai besoin d'aide, j'ai besoin
    que tu me tiennes la main
Car je t'avoue que la tentation
    est à son maximum
Mais tu sais ce qui se passe
    dans la tête d'un homme
On prend goût au désir et au plaisir charnel
Je suis un pécheur, mais à toi je reste fidèle
Je te remercie pour ce prophète
    qui m'a parlé de toi

Il m'a dit qu'ici-bas, tu te serviras de moi
Je n'ai que des textes et j'en suis que l'auteur
Alors voilà, je t'écris cette lettre,
    elle vient du fond de mon cœur
Prends mes mots, utilise-les
    comme l'effet papillon
Que l'homme comprenne que tu es tout
    sauf une religion

J'ai cherché le bonheur
    une bonne partie de ma vie
J'ai cherché la vérité, souvent elle m'a fui
Chaque jour suffit sa peine
14 juillet 2013, jour de mon baptême
Une semaine après j'ai vu mon père mourir
Et je ne te mens pas
    que j'aurais aimé le voir vieillir
Tout ça pour dire que ça m'a affecté
Parfois ta volonté est dure à accepter
Chaque étape je la vois comme une leçon
Besoin de ta lumière pour chasser mes démons
C'est écrit dans ta parole
    qu'on peut tout te donner
Qu'avec toi j'aurai la force de pardonner

Souvent je me sens seul,
   j'ai besoin de ta présence
C'est fou parfois ce que peut
   m'apprendre le silence
Je regarde devant avec l'œil de la foi
Je t'en prie, fais ton œuvre à travers moi

Anthony Phelps, *Mon pays que voici*

Gérald Bloncourt, *Dialogue au bout des vagues*

Mona Latif-Ghattas, *Les chants modernes au bien-aimé*

Roger Toumson, *Estuaires*

Ernest Pépin, *Dits de la roche gravée*

Max Jeanne, *Phare à palabres. Poéreportage*

Marie-Célie Agnant, *Et puis parfois quelquefois...*

Joséphine Bacon, *Bâtons à message · Tshissinuatshitakana*

Gary Klang, *Toute terre est prison*

Makenzy Orcel, *À l'aube des traversées*

Louis-Michel Lemonde, *Tombeau de Pauline Julien*

Franz Benjamin, *Vingt-quatre heures dans la vie d'une nuit*

Louis-Karl Picard-Sioui, *Au pied de mon orgueil*

Ouanessa Younsi, *Prendre langue*

Rodney Saint-Éloi, *Récitatif au pays des ombres*

Michel X Côté, *La cafétéria du Pentagone*

Georges Castera, *Les cinq lettres*

Gary Klang, *Ex-île*

Virginia Pésémapéo Bordeleau, *De rouge et de blanc*

Georges Castera, *Gout pa gout*

Raymond Chassagne, *Éloge du paladin*

Violaine Forest, *Magnificat*

Natasha Kanapé Fontaine, *N'entre pas dans mon âme avec tes chaussures*

Jean Désy, *Chez les ours*

James Noël, *Le pyromane adolescent*

Hyam Yared, *Esthétique de la prédation*

Kamau Brathwaite (trad. Christine Pagnoulle), *RêvHaïti*

Rodney Saint-Éloi, *Jacques Roche, je t'écris cette lettre*

Sébastien Doubinsky, *Pakèt Kongo*

Joséphine Bacon, *Un thé dans la toundra · Nipishapui nete mushuat*

Abdourahman A. Waberi, *Les nomades, mes frères, vont boire à la grande ourse*

Louis-Karl Picard-Sioui, *Les grandes absences*

Ouanessa Younsi, *Emprunter aux oiseaux*

Natasha Kanapé Fontaine, *Manifeste Assi*

Jean Morisset, *Chant pour Haïti*

Laure Morali, *Orange sanguine*

Jackie Kay (trad. Caroline Ziane), *Carnets d'adoption*

Jean-Claude Charles, *Négociations*

Jean Sioui, *Mon couteau croche*

L'ouvrage *La plume d'aigle* de Samian
est composé en Arno Pro corps 11.5/13.

Il est imprimé sur du papier Enviro
contenant 100 %
de fibres recyclées postconsommation,
traité sans chlore, accrédité Éco-Logo
et fait à partir de biogaz
en février 2016
au Québec (Canada)
par Imprimerie Gauvin
pour le compte des éditions Mémoire d'encrier inc.